Toni Carmine Salerno

# L'Oracle de Marie-Madeleine

## Un océan d'amour éternel



ÉDITIONS
VÉGA

Titre original anglais : *Magdalene Oracle*.

Publié pour la première fois par Blue Angel Publishing.


Traduit de l'anglais par Camila Prioli.
Peintures et conception du manuel d'utilisation par Toni Carmine Salerno.
La partie « Comment utiliser les cartes » a été aimablement rédigée par Denise Jarvie.

ISBN : 978-2-38135-051-6



www.editions-tredaniel.com
info@guytredaniel.fr
www.facebook.com/editions.tredaniel
@vegaeditions

*L'amour emplit chaque atome de mon être*
*avec la même force*
*qui fait bouger la Terre et les étoiles ;*
*qui illumine pour toujours,*
*emplit et régénère tout ce qu'il touche.*

*Au-delà du bruit de ce monde,*
*il existe encore un havre de paix et de silence.*

*L'amour y est toujours présent,*
*attendant patiemment,*
*en moi, en nous, en vous.*

*Il n'y a pas de meilleur moment*
*que le moment présent*
*pour aller le chercher à l'intérieur de soi ;*
*entrer en contact avec lui et l'incarner.*

*Il n'y a pas d'autre moment que maintenant.*

# SOMMAIRE

# Réflexions sur Marie-Madeleine

*Elle circule à travers*
*le cœur universel*
*comme un fleuve puissant*
*afflue à travers la terre.*

*Elle se répand à travers*
*nos cœurs, nos pensées et nos rêves.*

*Elle nous invite à la rejoindre*
*dans son grand océan d'amour.*

Pour moi, Marie-Madeleine n'est pas seulement une figure biblique, mais plutôt une déesse des temps modernes dotée d'une sagesse des plus sacrées et des plus anciennes, une sagesse fondamentale et palpable, profondément liée à notre belle planète. Marie-Madeleine vit éternellement à travers les femmes de notre époque et elle continuera assurément à être une source d'inspiration pour les femmes des générations à venir.

Sa sagesse va au-delà des mots, des images ou des concepts. Elle incarne un esprit archétypal, doux et délicat, mais également fort et indomptable. Marie-Madeleine reste résolument engagée dans sa vérité, symbole de force et de dignité. Elle contribue à élever le rang des femmes du monde entier en libérant à la fois les hommes et les femmes des modèles de pensée stéréotypés qui empêchent la véritable beauté, la sagesse et l'essence créative de l'esprit féminin de se manifester pleinement.

Je n'avais jamais beaucoup pensé à Marie-Madeleine jusqu'à récemment. Alors que je faisais une séance de reiki à ma femme, Martine, il y a quelques mois, j'ai ressenti, comme souvent, la présence spirituelle de Jésus et de la Vierge Marie. Toutefois, au cours de la séance, j'ai également perçu la présence d'une troisième entité, un peu dans l'ombre, que j'ai intuitivement identifiée comme étant Marie-Madeleine.

L'énergie de Marie-Madeleine est très distincte de celle de la Vierge Marie. Je ne qualifierais pas l'énergie de Marie-Madeleine de maternelle. Elle se révèle sombre et mystérieuse, en partie voilée, comme un clair de lune argenté qui brillerait à travers les nuages par une nuit sombre et fraîche.

Elle se tient toujours fière, indépendamment de ce que les autres pensent d'elle ou de la manière dont ils choisissent de la qualifier. Pendant des siècles, nombreux ont été ceux qui ont cherché à la déprécier par des mensonges, des intimidations et même des abus physiques et émotionnels. Pourtant, malgré cela, la prestance et le rayonnement de Marie-Madeleine demeurent.

Marie-Madeleine incarne des choses différentes pour chacun. Le passage suivant, écrit par mon amie Moon Yin, capture magnifiquement l'essence de ce que Marie-Madeleine représente pour beaucoup d'entre nous.

« La figure biblique de Marie-Madeleine représente l'archétype du principe féminin bafoué, et qui plane aux confins de nos rêves. Elle flotte, au crépuscule de l'inconscient collectif, attendant notre invitation à entrer. Marie-Madeleine est la Déesse Noire, chorégraphe de la force douce et assertive, porteuse d'une compassion infinie. Elle est la gardienne de la femme blessée, pansant les plaies de son cœur désolé, qui abrite les blessures d'abandon et de trahison que toutes les femmes portent en elles. Elle leur tend le miroir de leur vraie nature, dans lequel elles se verront reflétées dans toute leur beauté et leur puissance, embrassant ainsi leur plénitude. »

*Toni Carmine Salerno*

# COMMENT UTILISER LES CARTES

par Denise Jarvie

Asseyez-vous au calme, cartes en main. Visualisez la lumière blanche de l'Univers qui envahit la pièce et tournoie autour de vous. Inspirez cette lumière avec l'assurance qu'elle est emplie d'amour inconditionnel et de force de guérison. À présent, d'une voix douce et posée, formulez la question que vous souhaitez poser aujourd'hui. Pour obtenir de meilleurs résultats, ne posez pas des questions qui exigent une réponse par oui ou par non. Par exemple, évitez les questions comme : « Est-ce que je vais obtenir ce nouvel emploi ? » ou « Est-ce que mon petit ami et moi allons nous marier ? » Demandez-vous ce que vous voulez réellement savoir au fond et modifiez légèrement la question. Par exemple : « Quels seront les aspects positifs et négatifs si j'accepte ce nouveau poste ? » ou encore : « Comment va évoluer la relation avec mon petit ami, John, sur le long terme ? » (soyez spécifique et précisez son nom). En formulant la question de cette manière, nous nous ouvrons à toutes les possibilités – en nous donnant le choix, nous laissons libre cours à notre créativité.

## VOTRE QUESTION

Commencez à mélanger les cartes en vous formulant la question intérieurement. Si vous n'avez pas de question particulière, vous pouvez laisser à l'Univers le soin de vous adresser un message, en gardant à l'esprit la certitude que, quel que soit le message que vous recevrez, il vous sera toujours délivré avec bienveillance et toujours dans le but de contribuer à votre pleine réalisation. Vous pouvez couper les cartes si vous le souhaitez. Vous pouvez choisir les cartes qui sont sur le haut du paquet ou les étaler en éventail devant vous et tirer les cartes au hasard dans le paquet. Plus vous utiliserez vos cartes, plus vous trouverez la meilleure méthode pour vous. Souvenez-vous qu'il n'y a pas de bonne ou de mauvaise méthode pour tirer vos cartes.

Lorsque vous tirez les cartes à une autre personne, le message que vous recevez pour elle est tout aussi important pour vous. Il reflète un aspect de votre vie. Même si le message répond à la question posée par l'autre personne, il est tout aussi pertinent pour vous.

## L'AVENIR

Lorsque la question implique un futur ou un calendrier précis, j'estime que la réponse du tirage s'étale sur une période d'environ six mois, mais vous pouvez utiliser la fourchette de temps qui vous semble la plus appropriée.

Comme le dit le proverbe : « Les voies du Seigneur sont impénétrables. » Même lorsque nous pensons être en train d'aider les autres, nous sommes en réalité en train de nous aider nous-mêmes, n'est-ce pas formidable ? La vie est magique et merveilleuse – savourez-la et amusez-vous !

## TIRAGE À UNE CARTE

Tirez une carte, elle vous donnera un message pour la journée ou servira à clarifier une situation ou une question.

## TIRAGE À QUATRE CARTES

Il s'agit d'un tirage rapide qui vous donne une vue d'ensemble sur une situation.

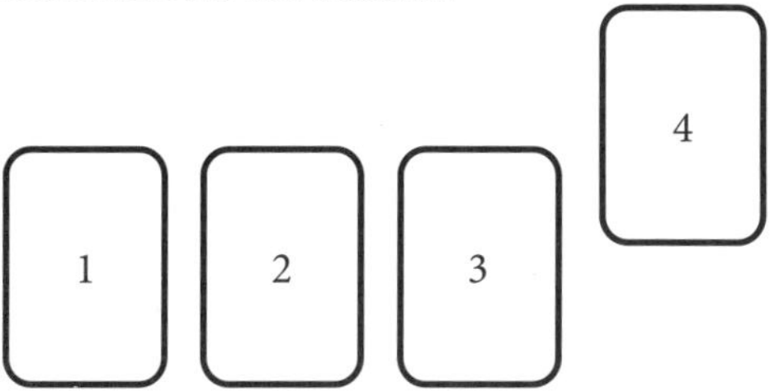


Interprétation :

**1. Passé** : influences passées sur la situation.

**2. Présent** : comment la situation vous affecte maintenant.

**3. Futur** : quelles sont les perspectives pour l'avenir (sur une période de six mois).

**4. Conclusion** : indique le message global, la leçon à tirer ; la synthèse de la lecture de toutes les cartes précédentes.

## TIRAGE DE L'ÉTOILE DES CINQ ÉLÉMENTS

Utiliser le symbole du pentacle comme support de tirage aidera la Terre à vous apporter des réponses.

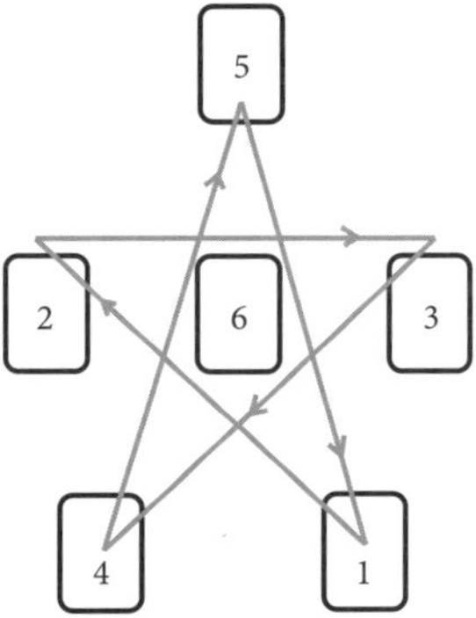


Interprétation :

**1. La Terre** : la dimension physique.

**2. L'Eau** : comment cette situation affecte vos émotions (vos ressentis).

**3. L'Air** : comment cette situation affecte votre esprit (votre mental).

**4. Le Feu** : ce dont vous auriez besoin pour lâcher prise et aller de l'avant.

**5. L'Esprit** : ce qu'il y a dans votre cœur.

**6. Conclusion** : la synthèse de la lecture de toutes les cartes précédentes.

## TIRAGE DU CHAKRA ARC-EN-CIEL

Ce tirage vous aidera à percevoir l'aura énergétique de la personne, de la relation ou de la situation qui vous occupe.

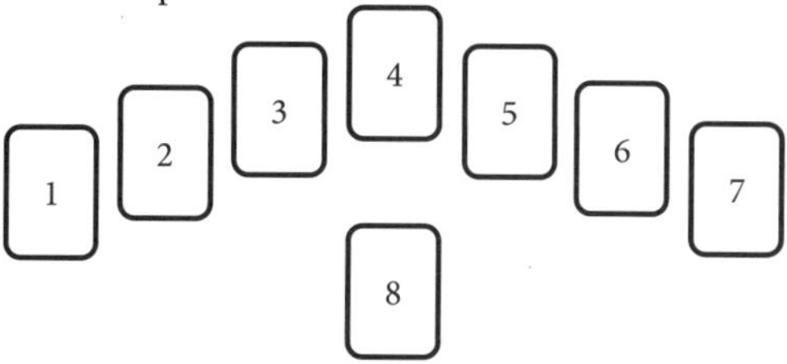


Interprétation :

**1. Le chakra racine** (rouge) : les fondations.
**2. Le chakra sacré** (orange) : les relations.
**3. Le chakra du plexus solaire** (jaune) : personnalité/estime de soi.
**4. Le chakra du cœur** (vert) : perception.
**5. Le chakra de la gorge** (bleu) : communication.
**6. Le chakra du troisième œil** (violet) : connexion avec le moi profond.
**7. Le chakra de la couronne** (blanc) : connexion avec l'Univers.
**8. La question principale.**

# Messages des cartes

# ACCEPTATION

L'acceptation est le mot-clé pour vous en ce moment. Vous avez le pouvoir de guérir et de rééquilibrer un aspect de votre vie qui vous préoccupe, en acceptant les choses telles qu'elles sont. N'essayez pas de changer ce que vous ne pouvez pas changer. Privilégiez plutôt ce sur quoi vous avez du pouvoir. Vous avez du pouvoir sur la manière dont vous réagissez aux événements de votre vie. Adopter une attitude d'acceptation vous aidera à retrouver votre paix intérieure. À quoi bon vous inquiéter pour quelque chose que vous ne pouvez pas changer ? Soyez convaincu que les forces de la vie sont avec vous et non contre vous. Tirez le meilleur parti de ce que vous avez, au lieu de souhaiter en avoir plus. Toutefois, accepter ne signifie pas que vous devez renoncer à vos rêves, vos espoirs ou vos aspirations, mais simplement que vous savez que les choses ont un but supérieur et que vous avez confiance dans le fait que tout ira dans le sens de votre plus grand bien et de celui de tous les intéressés.

# AMOUR

Une belle relation est sur le point d'apparaître. Et elle continuera de grandir pendant de nombreuses années encore, donnant lieu à des bénédictions infinies. Aimez et savourez chaque instant passé ensemble et gardez toujours dans votre cœur la flamme de l'amour allumée. Car l'amour est un aimant que l'on ne peut s'empêcher d'attirer lorsqu'on le porte soi-même dans son cœur. Si vous êtes déjà dans une relation amoureuse, alors votre relation continuera à s'approfondir à condition que vous restiez toujours sincères l'un envers l'autre et attentifs à vos besoins respectifs. N'hésitez pas à exprimer les insécurités que vous ressentez à votre partenaire et vous verrez combien votre relation continuera de se renforcer.

# LES AMOUREUX

*Grâce à toi*
*Je peux voir ce que je ne pourrais pas voir autrement*
*Le reflet d'une étoile*
*Si brillante que sa lumière remplit le ciel*
*De créations scintillantes*
*Flottant au large*
*Amour et corps célestes*
*Ton amour se déploie pour toujours*
*Et brille éternellement*
*À travers des cycles et des saisons infinies*
*Que Dieu et Déesse rêvent à travers nous.*

# ANGE GARDIEN

Pour le mental, rien ne semble pouvoir exister sans un début et une fin. Sur le plan physique, les choses naissent puis meurent, elles commencent, puis se terminent. En apparence, c'est en effet ce que nous constatons et croyons souvent. Cependant, lorsque nous plongeons au cœur de la part consciente de la matière, c'est une autre vision qui émerge. Sur le plan énergétique, rien ne meurt jamais réellement; tout se transforme tout simplement. Tout et tous sommes à jamais enlacés dans l'étreinte éternelle de l'amour. Sur le plan subtil, tout et tous ce(ux) que vous aimez sont toujours présents; rien n'est jamais vraiment perdu ou manquant. Souvenez-vous-en, souriez et ne soyez pas affligé, car tous ceux que vous aimez sont à jamais présents dans votre cœur, tout comme vous êtes à jamais présent dans le leur. Le temps et l'espace ne sont qu'une illusion. Que ce soit spirituellement ou physiquement, nous existons tous dans le « maintenant ». La vie n'est qu'un moment éternel.

# ASCENSION

Essayer d'atteindre un état de conscience spirituel plus élevé peut sembler un processus lent et laborieux. Cependant, n'oubliez pas qu'une part de vous existe toujours sur un plan spirituel supérieur. La conscience supérieure est une connaissance et une sagesse qui vont bien au-delà des mots et des explications. C'est votre vraie nature, la lumière éternelle de votre âme. Il est aussi inutile d'essayer de l'atteindre qu'il est inutile d'essayer d'échapper à votre réalité physique. S'élever spirituellement, c'est accepter et aimer sa réalité physique. Atteindre la conscience supérieure signifie être pleinement présent à chaque instant. Cessez d'essayer de l'atteindre et vous pourriez bien réaliser que vous y êtes déjà.

# LE BIEN-AIMÉ

Votre cœur est ouvert et empli d'amour, c'est ainsi que vous attirez à vous des bénédictions magiques. Si vous êtes célibataire, une relation amoureuse se formera bientôt et transformera votre vie. Si vous êtes déjà en couple, votre relation est en passe de se consolider et de se transformer. L'amour est un état intemporel à travers lequel tout est spirituellement interconnecté. Bientôt, vous éprouverez un sentiment de gratitude immense pour la vie à travers la relation que vous entretenez avec votre bien-aimé. Vous en tirerez des enseignements précieux et chacun de vous deux fera ressortir le meilleur de l'autre.

*L'amour est le portail vers un univers sans fin,*
*Là où la lumière d'un milliard d'étoiles*
*brille à jamais*
*À travers un même esprit éternel.*

# CHRIST UNIVERSEL

Le vide que vous ressentez actuellement vous permet de vous reconnecter à des aspects de votre nature profonde que vous avez réprimés pendant longtemps. Oubliez toutes les distractions qui jalonnent votre vie en ce moment et prenez conscience de ce qui se passe en vous. Dans les interstices vides de votre solitude, vous trouverez un trésor caché. Il s'agit d'une période de profonde découverte de soi, il vous suffit d'écouter les murmures de votre cœur. Interrogez-vous sur ce que vous attendez vraiment de la vie et souvenez-vous que lorsqu'il s'agit de questions de cœur, il n'y a pas de bien ou de mal. Chacun des choix que vous ferez aura des impacts qui vous permettront de grandir en amour et en sagesse. Quand cette phase se terminera, vous aurez une perspective plus claire de votre vie. Et ainsi certaines de vos relations sont susceptibles de connaître des changements majeurs. Certaines relations qui ne vous servaient plus pourraient prendre fin, tandis que d'autres s'approfondiront et deviendront plus significatives. Suivez donc votre guidance intérieure !

# COCRÉATION

Une nouvelle opportunité va se présenter au cours de la semaine à venir qui de prime abord peut sembler dépasser vos moyens financiers ou vos compétences. Pourtant, cette opportunité ne se présenterait pas à vous si vous n'étiez pas capable d'y faire face. Elle vous conviendra à condition que vous fassiez preuve de souplesse dans les approches que vous adopterez. Plus important encore, gardez à l'esprit que tout ce qui a une valeur pérenne est toujours une cocréation entre Dieu et vous. Cherchez la guidance dans votre mental supérieur et Dieu. Inscrivez-vous dans un véritable partenariat spirituel avec le Divin Créateur et demandez-lui de vous révéler les voies et moyens d'accomplir votre mission. Lorsque vous devez prendre une décision, asseyez-vous en silence et demandez intérieurement à votre moi supérieur et à Dieu de vous aider à prendre la décision la plus appropriée. Souvenez-vous également que la persévérance et l'engagement sont les conditions essentielles de toute réussite. Identifiez vos craintes et vos éventuelles insuffisances, puis foncez. Vous n'échouerez pas si vous gardez toujours à l'esprit que tout ce que vous faites est une cocréation.

# CŒUR ET ESPRIT

Vous êtes béni et guidé par l'esprit éternel de l'amour. Une transformation positive est en train de se produire dans votre vie en ce moment même. Fermez les yeux et laissez-vous envelopper par l'amour qui émane du cœur de la Déesse. Cette carte est la confirmation que tout se déroule comme il se doit. Il n'y a pas lieu de s'inquiéter, cessez donc de prendre les choses avec tant de gravité et gardez confiance.

*Tout se déroule selon un plan parfait.*
*La vie est pleine d'opportunités. Je suis guidé et protégé. Je laisse mes préoccupations aux mains de la Déesse de la vie éternelle.*

# CONFUSION

Des pensées divergentes concernant une décision majeure que vous devez prendre vous déconcertent actuellement. Vous avez le sentiment de ne pas savoir vers quoi vous tourner en ce moment. Vous vous sentez incapable de choisir entre ce que vous aimeriez vraiment faire et ce que vous pensez devoir faire. Au cœur de cette difficulté réside un sentiment profond d'obligation envers les autres – vous avez peur de décevoir ou de blesser quelqu'un en choisissant ce que vous aimez vraiment. La meilleure chose que vous pouvez faire pour l'instant, c'est de prendre un peu de recul. Ne vous mettez pas une pression supplémentaire en pensant que vous devez prendre une décision tout de suite. Accordez-vous le temps nécessaire. Si possible, faites une courte pause, invitez un peu de paix et de tranquillité dans votre vie, et dans les jours à venir les choses vont se clarifier. Votre principale obligation est d'honorer ce que vous sentez vraiment dans votre cœur. Les autres comprendront avec le temps.

# COULEUR

Au cours des prochains jours, soyez attentif aux couleurs qui vous attirent. Les couleurs de vos vêtements, la nourriture que vous mangez et ce que vous buvez ont un effet profond sur la façon dont vous vous sentez. Lorsque vous vous sentez attiré par une certaine couleur, prêtez attention à l'énergie qui en émane ; comment cette couleur vous fait-elle vous sentir ? Peut-être fait-elle naître en vous une certaine humeur ou évoque-t-elle un certain souvenir. Au fond, la couleur est une vibration. Chaque couleur ou combinaison de couleurs vibre à une fréquence particulière. Lorsque vous êtes attiré par une couleur en particulier, c'est parce qu'une partie de vous résonne avec sa fréquence. La fréquence d'une couleur peut vous aider à rééquilibrer vos émotions et retrouver votre bien-être. Voici une méditation que vous pouvez pratiquer quand vous manquez d'énergie ou vous sentez particulièrement à fleur de peau.

Imaginez-vous sur une belle plage de sable et regardez l'eau et les vagues. Sentez une douce brise souffler sur votre esprit et dissiper sur son passage toutes les pensées parasites, inquiétudes et émotions négatives. Visualisez les couleurs suivantes, une à une. Prenez le temps de vous concentrer sur chacune d'elles. Ressentez la vibration et l'essence de chaque couleur jusqu'à ce qu'elle vibre dans chaque cellule de votre corps. Laissez la couleur imprégner votre esprit lorsque vous affirmez :

JE SUIS une flamme violette.
JE SUIS une flamme bleue.
JE SUIS une flamme rose.
JE SUIS une flamme verte.
JE SUIS une flamme jaune.
JE SUIS une flamme orange.
JE SUIS une flamme rouge rubis.
JE SUIS une flamme blanche.
JE SUIS une flamme or.
JE SUIS une flamme argent.

# CRUCIFIXION

Vous vous infligez beaucoup de souffrances inutiles en pensant que vous devez améliorer certains aspects de votre personnalité avant de pouvoir trouver la paix et vous réaliser. Durant une grande partie de votre vie, vous avez essayé de cacher les aspects de votre personnalité que vous ne trouviez pas aimables. Pourtant, les choses que vous réprimez ou dissimulez refont surface à travers des situations extérieures jusqu'à ce que vous appreniez à les accepter et à les aimer. Un monde aux possibilités infinies s'ouvre à vous si vous apprenez à accepter d'être vous-même et à vous aimer tel que vous êtes. En vous, il y a une étoile scintillante. Laissez la lumière de votre étoile rayonner de toute son intensité et vous verrez que les gens vous aimeront tel que vous êtes. Au cours des prochaines semaines, prêtez une attention particulière à vos pensées. Lorsque vous vous surprenez à avoir des pensées négatives ou angoissantes, remplacez ces pensées en conscience par des pensées d'amour jusqu'à ce que le cycle soit rompu. Cela vous demandera du temps, de la détermination et de la persévérance, mais les bénéfices qui en découleront en vaudront la peine.

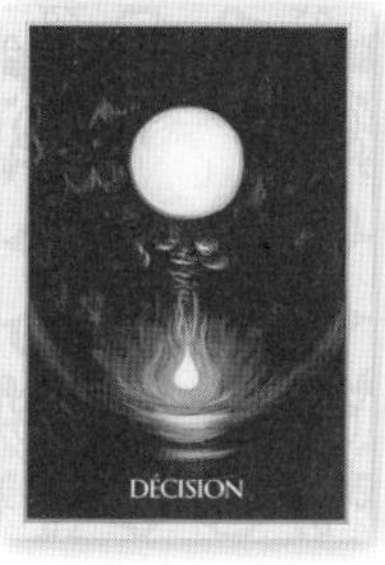


# DÉCISION

Vous avez une décision importante à prendre à l'heure actuelle et la décision que vous prendrez maintenant affectera beaucoup de personnes autour de vous pendant longtemps. Assurez-vous de savoir ce que vous souhaitez vraiment avant d'agir. Prenez plusieurs grandes respirations, prenez le temps de vous vider l'esprit et vous aurez votre réponse. Nous sommes tous partis d'une seule et même création, nos énergies sont intimement liées. Par conséquent, tout ce qui nous affecte individuellement affecte aussi les autres. Tout ce que vous dites ou faites et tout ce que vous omettez de dire a des répercussions sur le reste du monde. Vous ne pouvez obtenir un effet positif qu'en demeurant fidèle à vous-même. La bonne décision est celle qui est profondément inscrite dans votre cœur. Ne prenez pas votre décision en vous laissant guider par la culpabilité ou par ce que vous pensez devoir faire. Soyez fidèle à vous-même, car ce n'est qu'en étant intègre vis-à-vis de vous-même que vous pouvez être vrai avec les autres.

# DIEU

Vous vous demandez peut-être : « Dieu existe-t-il vraiment et, si oui, où est-il quand vous avez le plus besoin de lui ? » Souvent, c'est dans les moments où nous en avons le plus besoin que nous nous sentons le plus seuls. Cette carte est la preuve que vous n'êtes jamais seul. L'Univers a entendu votre appel et veut que vous sachiez que la présence aimante du Divin Créateur vous emplit et vous entoure toujours. Libérez-vous de vos peurs et de vos angoisses. Accueillez la lumière de guérison qui vous est offerte en ce moment. La peur nous incite souvent à nager à contre-courant – c'est une perte de temps et d'énergie. Nourrissez la confiance, l'acceptation et le lâcher-prise. Bien qu'il y ait forcément de nombreux rebondissements en cours de route, vous serez agréablement surpris de voir où le fleuve de la vie finit par vous mener.

*Chaque vie est comme un océan*
*aspirant éternellement au rivage de l'amour.*

*Nous allons et venons dans la vie, sans réaliser,*
*que nous baignons continuellement dans une mer*
*d'amour.*

# ÉTREINTE ÉTERNELLE

Tout dans l'Univers est constitué d'opposés complémentaires, il est donc inutile de vouloir que ceux qui vous entourent pensent comme vous. Acceptez cette vérité universelle et vous vous éviterez de nouvelles déceptions. Chaque fois que vous identifierez, chez quelqu'un d'autre, une caractéristique que vous n'aimez pas, prenez un instant pour reconnaître cette même caractéristique chez vous. Si vous avez identifié cette caractéristique chez une autre personne, il est indubitable qu'elle existe aussi en vous. Si vous n'arrivez pas à l'identifier en vous, c'est tout simplement parce que vous l'avez réprimée. Chaque qualité que vous pensez posséder s'accompagne de son opposé. Vous ne pouvez pas posséder l'une sans posséder l'autre. Lisez et méditez plusieurs fois par jour sur les qualités ou sentiments énumérés à la page suivante. Au fur et à mesure, vous pourrez ajouter d'autres qualités. Considérez attentivement chacune d'entre elles jusqu'à ce que vous soyez apte à voir chacune de ces qualités en vous-même. Lorsque vous serez parvenu à assumer et à aimer chacune d'entre elles pareillement, vous aurez accompli un progrès majeur qui vous permettra d'atteindre un nouveau sens de l'équilibre et du bien-être.

**Qualités et sentiments à assumer et à aimer :**

- positif/négatif ;
- amical/antipathique ;
- joyeux/maussade ;
- pacifique/agressif ;
- fort/faible ;
- confiant/méfiant ;
- confus/aligné ;
- spirituel/matérialiste ;
- responsable/irresponsable ;
- attentionné/indifférent ;
- colérique/tempéré ;
- féminin/masculin ;
- bienveillant/malintentionné.

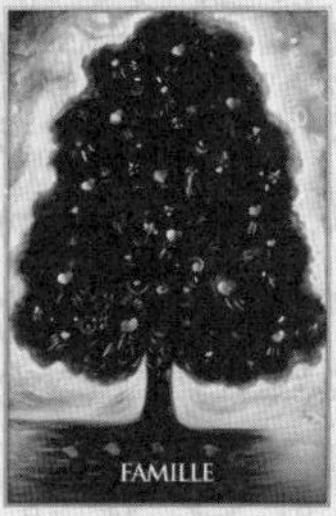


# FAMILLE

Tout comme il y a une raison et un sens à tout ce que vous avez vécu jusqu'à présent, vous êtes né dans votre famille pour une raison et une finalité précises. Pourtant, comme la plupart d'entre nous, vous croyez au mythe selon lequel tous les membres d'une famille devraient s'entendre et être toujours bons les uns envers les autres. Les autres familles vous semblent toujours meilleures que la vôtre. La réalité, c'est que chaque famille vit des dynamiques comparables d'une manière ou d'une autre. Votre famille est votre meilleur enseignant. Chaque membre de votre famille a au moins un trait de personnalité que vous n'aimez pas, et vous possédez au moins un trait que chacun des membres de votre famille n'aimera pas. Ce fait à lui seul crée l'environnement parfait pour nous apprendre à aimer de manière inconditionnelle. En avançant dans la vie, vous découvrirez que toute chose perçue comme négative va de pair avec son pendant positif. Le véritable amour se présente souvent sous des formes et des manières que nous ne reconnaissons pas de prime abord. Pourtant, au fil du temps, vous réaliserez que derrière les apparences de chacun, il n'y a que de l'amour. L'amour se présente sous différentes formes et elles ne sont pas toujours aimables. Garder cela à l'esprit vous aidera à vous libérer de tout ressentiment que vous pourriez avoir à l'égard de votre famille ou envers un membre de votre famille en particulier.

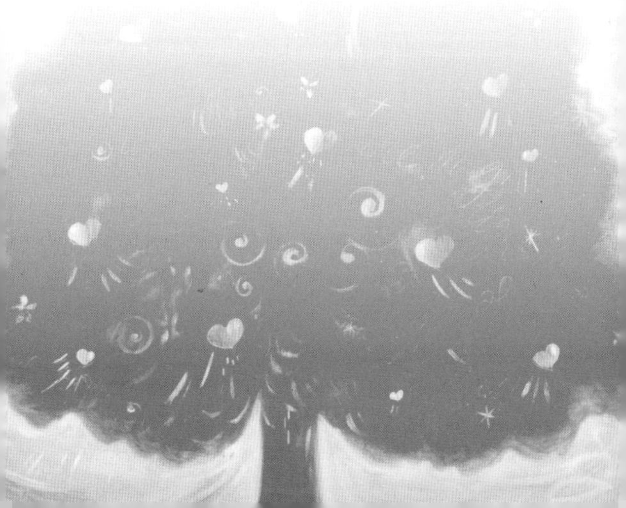

# GAÏA

Que vous soyez un homme ou une femme, il vous est recommandé d'embrasser votre côté féminin. Cela signifie embrasser votre nature intuitive, douce et aimante et appliquer ces qualités à une situation difficile. En adoptant ces qualités de soin et de douceur, vous ressentirez un plus grand sens de l'équilibre et cela vous aidera à faire face à la situation difficile que vous vivez actuellement. Demandez à la Terre Mère de vous aider à vous ancrer et à vous donner de la force et vous ressentirez bientôt un regain de vitalité. Passez du temps dans la nature – faites un peu de jardinage ou promenez-vous dans un parc. Sentez votre connexion à la Terre et souvenez-vous que les qualités masculines et féminines sont des aspects complémentaires de chaque être humain. L'équilibre, la véritable puissance et la sagesse ne sont possibles que si l'on embrasse les deux.

*Depuis des années, je ressens votre fervente aspiration.*
*Je vous aime depuis toujours.*

# GRATITUDE

Si vous avez du mal à joindre les deux bouts ou si vous traversez une période difficile dans votre carrière ou dans la gestion de votre entreprise, vous pouvez surmonter cette situation en faisant preuve de gratitude. Cessez de vous lamenter sur ce dont vous croyez manquer et soyez reconnaissant pour tout ce que vous avez déjà. Il y a tant de choses pour lesquelles être reconnaissant dans votre vie, c'est en vous ouvrant au pouvoir de la gratitude que vous pourrez réaliser à quel point l'Univers vous comble de bienfaits. N'alimentez ni la négativité ni la peur qui ne font que bloquer le flux de l'abondance universelle. Nourrissez votre foi et soyez reconnaissant. Concentrez-vous sur le positif et tout sera bientôt résolu. Attendez-vous à une conclusion positive au cours des trois prochains mois.

*Je rends grâce pour toutes les bénédictions de ma vie.*
*Je rends grâce pour toute l'abondance de ma vie.*
*Je suis toujours en sécurité.*

# GUERRE ET PAIX

Vous vivez actuellement un dilemme entre votre esprit logique et ce à quoi aspire votre cœur. Celui-ci vous tire dans une direction alors que votre mental vous tire dans l'autre. Cela provoque une guerre intérieure responsable du stress que vous ressentez en ce moment. La meilleure solution pour résoudre le dilemme qui vous tiraille consiste à embrasser à la fois les aspirations de votre cœur et celles de votre esprit. Écoutez votre cœur tout en faisant appel à votre logique et à votre bon sens. La paix intérieure n'est possible qu'en suivant les deux aspects de votre nature. Acceptez vos peurs, mais ne les laissez pas se mettre en travers de votre chemin. C'est seulement en agissant en accord avec votre cœur que vous vous approcherez de la réalisation de vos rêves. Cependant, usez également de raison dans vos prises de décision, car une aspiration sincère et une bonne logique sont toutes deux nécessaires pour parvenir à la réussite et à l'équilibre.

# ILLUMINATION

Votre créativité est actuellement bloquée parce que vous n'exprimez pas ce que vous ressentez vraiment. Pour débloquer votre créativité, vous devez exprimer vos sentiments. La créativité est avant tout une question d'expression personnelle. Chaque œuvre d'art, quel qu'en soit le thème ou le style, est en réalité un autoportrait. Exprimez toutes les émotions qui vous traversent, que vous les estimiez bonnes, mauvaises, belles ou laides. Toutes sont légitimes, alors ne vous jugez pas et ne les refoulez pas. Votre créativité n'a d'autres limites que celles que vous vous imposez à vous-même. La créativité est l'essence de votre vie et votre auto-expression est la voix de votre créativité. L'auto-expression vous guérit et vous libère. Elle illumine votre esprit et votre cœur, il suffit de laisser vos sentiments s'exprimer.

# INTIMITÉ

Vous avez peut-être été blessé émotionnellement par le passé et par conséquent hésitez à présent à partager vos sentiments avec les autres par crainte d'être à nouveau blessé. Il est normal que vous ayez bâti un bouclier de protection autour de votre cœur, mais il est temps de laisser retomber cette armure, car elle vous empêche de vivre une relation digne de ce nom. Quelqu'un vous aime tendrement et l'amour que cette personne éprouve pour vous est réel. Cependant, elle a peur de révéler ses véritables sentiments par crainte d'être rejetée. Comme vous, cette personne ne veut pas être blessée. Faites-lui confiance et partagez vos sentiments et expériences ouvertement et sincèrement; vous serez surpris par ce que cela vous apportera. Les relations les plus intimes se forment le plus souvent sur fond de larmes et de rires. Ne craignez donc pas d'exprimer vos sentiments, vos peurs et vos vulnérabilités. Le passé est derrière vous; libérez-vous-en et embrassez cette nouvelle étape de votre vie.

# JEUNES ENFANTS

Lorsqu'on lui donne de la peinture et un pinceau, un jeune enfant peint spontanément les personnes et les choses qu'il aime, puis décrit avec enthousiasme ce que représente chaque personnage et élément de sa peinture. Les enfants n'ont pas d'idée préconçue sur la manière dont ils doivent s'exprimer, ils le font simplement, naturellement et spontanément, de toutes les façons possibles. À l'heure actuelle, vous devriez vous inspirer du comportement des enfants. Libérez-vous de tous vos blocages et exprimez-vous spontanément et sans jugement. Exprimez tout ce que vous avez gardé enfoui dans votre cœur. Vous pouvez vous exprimer de multiples manières. La parole, la tenue d'un journal, la peinture, le dessin, la musique ou la danse sont d'excellents moyens d'exprimer vos sentiments et vos émotions. Par le biais de ces différents moyens d'expression, vous pourriez éliminer les blocages émotionnels qui se sont formés au cours de ces derniers mois. Vous pourriez retrouver un nouvel enthousiasme pour la vie, qui se répercutera sur votre travail et vos relations.

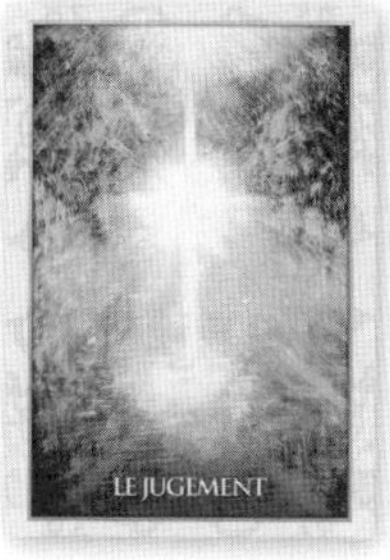


# LE JUGEMENT

Aimez et acceptez-vous dans l'intégralité de ce que vous êtes et tel que vous êtes. Chacun des traits de votre personnalité sert un but précis et tant que vous ne verrez pas votre propre rayonnement, vous ne verrez pas celui des autres. Ce que vous ressentez pour le monde autour de vous est le reflet de ce que vous ressentez pour vous-même. Tout ce que vous voyez chez les autres vous renvoie un reflet de vous-même. Vous attirez dans votre vie des personnes, des situations et des événements qui reflètent des aspects de vous-même que vous n'aimez pas encore chez vous. Au fur et à mesure que vous avancez dans votre vie, vous gagnez en sagesse et vous finirez par réaliser que nombre de vos perceptions du bon et du mauvais, du bien et du mal, n'étaient que des illusions.

# LIBÉRATION

Une personne qui vous a récemment blessé ou déçu d'une manière ou d'une autre n'est que le miroir d'une blessure et d'une déception que vous portiez déjà en vous. Toutes les expériences de votre vie, que vous les jugiez bonnes ou mauvaises, ne sont que des actes d'amour. La blessure et la déception que vous ressentez actuellement sont l'occasion pour vous de questionner ce que vous n'aimez pas chez vous. Vous pouvez ouvrir votre cœur en toute sécurité. Aimez-vous tel que vous êtes et cessez de vous imposer des objectifs démesurés. De votre acceptation de vous-même naîtra un sentiment nouveau de liberté qui transformera la façon dont vous voyez la vie et le monde qui vous entoure.

# MARIE-MADELEINE

*Allez de l'avant, fidèle à vous-même*
*Osez être différent*
*Commettez des erreurs*
*Créez – car c'est à travers la création que vous existez*
*Dans un monde empli des rêves qui jaillissent de votre cœur*
*Dans l'unité, dans l'amour et dans la haine*
*Dans l'émerveillement et l'admiration, la douceur et la douleur, la joie et la lumière.*
*Silencieusement, le mystère attend*
*qu'un vide soit comblé.*
*Entrez dans ce grand vide avec force et courage*
*Comme une jeune rose tend vers la lumière*
*L'amour vous mènera vers des pâturages plus verts*
*Gardez vos poches pleines de rêves*
*Car la vie est une épreuve de foi.*

*Laissez votre lumière briller*
*Il n'y a ni début ni fin,*
*Il n'y a que de l'amour !*

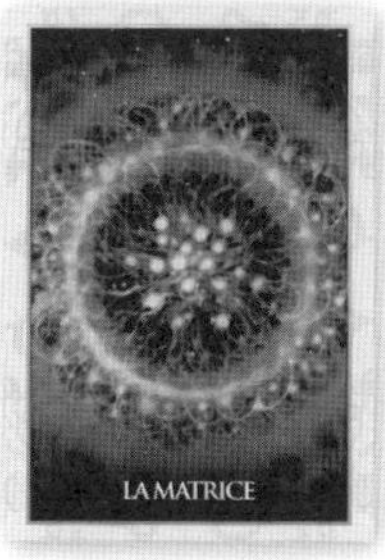


# LA MATRICE

Essayer de comprendre pourquoi certaines choses se produisent, c'est comme essayer de reconstituer un puzzle de mille pièces alors que vous n'en avez que quelques-unes en votre possession. Vous ne pouvez pas comprendre pleinement la situation actuelle en utilisant votre seule logique. Sachez néanmoins que même si cela vous semble impossible pour le moment, bientôt vous aurez le recul nécessaire pour avoir une vision globale de la situation. Gardez confiance, car tout ce qui se produit est un acte d'amour ; à terme, vous connaîtrez la grâce. Soyez patient ! Bientôt vous vous souviendrez de cette période de votre vie et serez reconnaissant pour tout ce qui est en train de se produire dans votre vie en ce moment.

# LE MESSAGER

Bientôt, vous rayonnerez pleinement et attirerez beaucoup d'admiration et d'attention de la part des autres. Notre Univers est né d'une éblouissante explosion de lumière. En un seul instant, elle s'est étendue d'un point minuscule à des milliards d'années-lumière dans toutes les directions. Vous aussi, vous êtes sur le point de connaître une expansion rapide qui vous apportera une plus grande reconnaissance dans votre domaine professionnel ou d'études. Vous contemplerez bientôt l'horizon alors que vous voyagerez à travers des terres nouvelles et lointaines. Soyez reconnaissant pour toutes les nouvelles expériences qui sont sur le point de se produire dans votre vie et pour tout ce que vous accomplissez. Profitez de chaque instant avec humilité et gratitude, car ce faisant, vous attirerez plus de soutien de la part des autres. Tel un phare de lumière et d'espoir, vous êtes une source de grande inspiration pour beaucoup de ceux qui croisent votre chemin ; avancez dans l'amour et la lumière !

# MIRACLES

Votre détermination, votre engagement et votre persévérance sont sur le point de porter leurs fruits et tout ce pour quoi vous avez travaillé se manifestera bientôt. Bientôt vous célébrerez vos réalisations. Cependant, on vous met en garde, ne vous réjouissez pas outre mesure. Remerciez l'Univers pour tout ce que vous parvenez à accomplir et restez concentré. Ne perdez pas de vue vos projets et objectifs. Gardez à l'esprit que tout ce que vous faites ne doit pas uniquement vous servir vous-même, mais aussi servir ceux qui vous entourent. En faisant cela, l'Univers continuera à vous guider et à vous offrir son aide. Visualisez le résultat de votre travail et de votre influence inspirant de plus en plus de personnes. Imaginez cela se produisant aisément et se mettant en place uniquement par le biais de moyens aussi agréables que possible pour vous. Voir grand ne demande pas plus d'efforts que de voir petit. Souvenez-vous par ailleurs que, quelle que soit la situation dans laquelle on se trouve, un miracle est toujours possible.

# ORDRE DIVIN

Il se peut que vous soyez inconsciemment en train de tomber en dépression tant vous trouvez le monde qui vous entoure en grand désarroi. Avec toutes ses souffrances, ses destructions et ses guerres, le monde peut sembler un endroit funeste. Pourtant, comme le dit le verset : « Il y a un moment pour tout, et un temps pour chaque chose sous le ciel. » Toute chose a une raison d'être et sert un dessein précis, autrement elle n'existerait pas. La vie est telle une tapisserie divine dont chaque fil forme un élément essentiel de l'ensemble. Cependant puisqu'il s'agit d'une tapisserie divine, on ne commence à distinguer son motif en entier que lorsqu'on le regarde depuis une perspective supérieure. Croire que les choses ne sont pas ce qu'elles devraient être ne sert qu'à vous maintenir dans un état de déception, de colère et de crainte. De même que la véritable finalité des choses ne peut être révélée qu'à la lumière de votre âme, l'ordre divin n'est perceptible qu'à travers la perspective de l'amour. Votre monde n'a pas besoin d'être sauvé, il a seulement besoin d'être aimé.

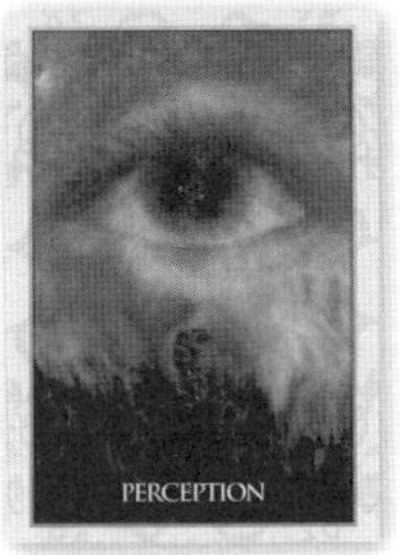


# PERCEPTION

Prenez garde ! Une personne qui vous séduit a tendance à se servir des autres pour combler son propre vide. Dans une certaine mesure, cela est vrai de la plupart des relations, mais dans ce cas particulier, le vide à combler est insatiable. Rien de ce que vous direz ou ferez ne sera jamais suffisant, alors faites attention. Ne vous laissez pas aspirer dans les problèmes de l'autre. Tout n'est pas ce qu'il paraît. Soyez à l'écoute de votre intuition et faites confiance à vos instincts naturels. En dépit des problèmes qu'elle vous apportera, vous tirerez une leçon précieuse de cette relation, car elle vous amènera à réaliser que nous sommes tous responsables de notre propre bien-être. Prendre la charge émotionnelle de quelqu'un d'autre n'est bénéfique à personne, gardez donc la bonne distance émotionnelle et faites appel à votre sixième sens.

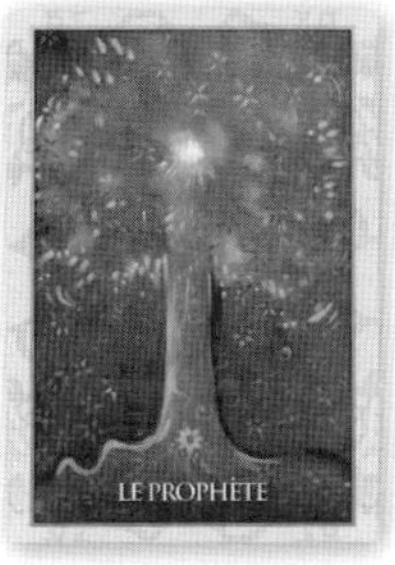


# LE PROPHÈTE

Tout se déroule dans le timing parfait et tout ce que vous devez savoir vous sera révélé au moment le plus propice. Soyez patient et faites confiance aux forces angéliques qui sont à l'œuvre dans votre vie en ce moment.

Sentez la présence de la Déesse en vous. Demandez-lui de clarifier votre esprit pour que vous puissiez entendre sa guidance dans votre cœur. La Déesse s'exprime à travers les émotions qui vous traversent. Sentez-la animer votre cœur tandis qu'elle vous baigne de sa lumière de guérison. Au moment où vous vous y attendrez le moins, vous recevrez une inspiration soudaine qui aboutira à quelque chose de très positif; préparez-vous à une agréable surprise.

# PURGATOIRE

Les hauts et les bas émotionnels que vous vivez font partie d'un processus de guérison grâce auquel vous transmutez ou abandonnez tout ce qui ne vous sert plus. Même si cela n'y paraît pas, il s'agit d'une période positive. Pour faciliter le processus de guérison, faites une liste de tout ce qui ne vous semble plus utile dans votre vie. Incluez-y toutes vos pensées négatives et vos craintes. Une fois que vous avez dressé votre liste, pratiquez la méditation suivante.

*Imaginez que vous et tous les éléments de votre liste êtes baignés dans une lumière dorée…*

*Imaginez à présent une belle flamme violette émergeant à l'intérieur de la lumière dorée…*

*Imaginez la flamme violette transformant tout le négatif en lumière dorée. Continuez à vous concentrer sur le pouvoir de guérison de la flamme violette.*

*Sentez-la vous transformer, vous éclairer et vous guérir.*

Se transformer signifie parfois abandonner certaines choses. Faites confiance à ce processus. Tout ce dont vous vous libérez sera automatiquement guéri ou remplacé par quelque chose de plus approprié pour vous.

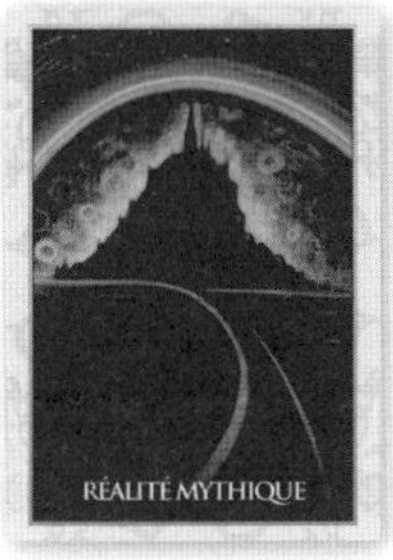


# RÉALITÉ MYTHIQUE

Quelque chose vous inquiète en ce moment, car vous ne voyez ce qui arrive que sous un seul angle. Regardez les choses avec un cœur et un esprit ouverts et peut-être verrez-vous qu'il existe aussi un côté positif à la situation que vous vivez. La situation pourrait très bien tourner en votre faveur si vous parvenez à vous libérer des idées reçues et des positions trop tranchées. Il existe au moins deux différentes perspectives à chaque situation. Ce que vous voyez actuellement n'est qu'une partie d'un plus grand tableau. Souvent, ce qui nous semble réel n'est pas nécessairement ce qui se passe réellement. Les interprétations inexactes, les craintes et la confusion rendent souvent flou le véritable sens de nombreux événements que nous traversons dans la vie. Il n'y a pas lieu de s'inquiéter; il suffit de laisser ce qui doit se dérouler naturellement et tout finira par devenir clair pour vous. Souvenez-vous que si vous n'avez pas forcément le pouvoir de changer le monde ou bon nombre des événements qui se produisent dans votre vie, vous avez le pouvoir de changer la façon dont vous les percevez.

*Tout devient clair quand je le regarde*
*depuis une perspective plus large.*

# RENONCEMENT

Il semblerait qu'en ce moment, plus vous essayez, plus les choses que vous voulez vous échappent. Vous ne pouvez pas faire grand-chose pour le moment, si ce n'est attendre. Abandonnez vos attentes et soyez patient. En temps voulu, ce que vous souhaitez viendra à vous, même si ce n'est pas sous la forme ou de la manière que vous imaginiez. Entre-temps, n'oubliez pas que vous ne pouvez pas contrôler ni la manière dont les autres voient les choses ni ce qu'ils pensent, disent ou font. Avec le temps, vous réaliserez que les développements actuels sont en fait une bénédiction. Lorsque cette période sera derrière vous, vous aurez acquis un nouveau sens de clarté qui vous permettra d'avancer dans la vie avec confiance. Les hauts et les bas émotionnels que vous connaissez actuellement vont bientôt s'apaiser.

# LA RÉSURRECTION

Il pourrait sembler qu'actuellement rien ne se passe comme vous le souhaiteriez. Une aspiration, un projet ou un rêve semble avoir disparu loin de votre portée et cela vous a laissé un sentiment de confusion et de découragement. Malgré tout, n'oubliez pas qu'une force supérieure régit avec amour chaque instant de votre vie. Cette force est la lumière de votre âme qui est pleine d'une sagesse infinie. La déception que vous ressentez actuellement est le moyen que votre âme utilise pour vous permettre de réévaluer votre projet. Votre rêve est légitime et pertinent, et vous méritez de le voir se réaliser. Toutefois, concrétiser votre rêve peut nécessiter un changement de plan ou d'approche. Vérifiez si le plan que vous avez adopté correspond vraiment à vos valeurs et à votre cœur. Une nouvelle approche vous paraîtra bientôt évidente, une approche qui vous semblera juste à tous les égards. Alors n'abandonnez pas maintenant. Gardez l'esprit ouvert et vous accomplirez tout ce que vous avez toujours souhaité. Les nouvelles inspirations naissent souvent au milieu du désespoir et nous devons parfois abandonner nos anciennes façons de penser avant qu'une nouvelle voie soit possible.

# RÉVÉLATION

Vous trouverez bientôt la réponse à la question que vous vous posez. Asseyez-vous au calme, concentrez-vous sur votre respiration et méditez. Portez attention à ce que vous ressentez dans votre cœur ; la réponse émanera de l'intérieur. Il est compréhensible que les circonstances actuelles créent de l'anxiété et du stress dans votre vie ; il est dans la nature humaine de vouloir donner un sens à tout ce qui arrive dans notre vie. Cependant, ne perdez pas votre énergie à essayer de tout comprendre logiquement, car cela ne fera qu'accroître la confusion. Faites confiance à la guidance aimante qui est en vous et sachez que tout se déroule en un temps parfait. Tout se mettra en place au cours des deux prochains mois.

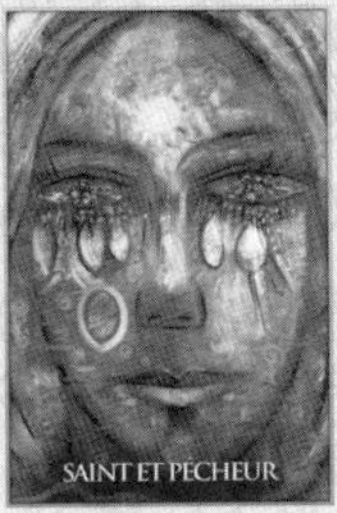


# SAINT ET PÉCHEUR

Vos présomptions à propos d'une autre personne ou d'un événement pourraient se révéler complètement fausses. Prenez conscience que pour chaque théorie, il existe une théorie alternative ou opposée. Il se peut que cette situation ne soit pas aussi simple qu'on pourrait le croire à première vue. Il vous est conseillé de garder l'esprit et le cœur ouverts. Tout n'est pas nécessairement ce qu'il paraît. N'oubliez pas non plus que souvent, les jugements que nous portons sur les autres sont les mêmes jugements que nous portons sur nous-mêmes. Vous ne trouverez pas la paix et l'épanouissement avec un discours intérieur du type : « J'ai raison et ils ont tort. » Si vous acceptez qu'il n'y a pas de vérité unique et universelle, tout deviendra plus clair.

# LE SECRET

Quelqu'un va bientôt se confier à vous et ses révélations pourraient bien vous choquer ou vous perturber. Vous pourriez vous sentir tiraillé entre les loyautés que vous éprouvez pour deux personnes différentes et vous retrouver ainsi face à un dilemme. Quelle sera alors la bonne chose à faire ? Devriez-vous divulguer l'information ou garder le silence ? Vous le saurez dans votre cœur. Au fond, c'est à vous que vous devez être fidèle, car ce n'est qu'ainsi que vous pourrez être fidèle aux autres. Révéler la vérité provoquera certainement des bouleversements, mais au fur et à mesure que les choses se stabiliseront, votre honnêteté et votre courage seront appréciés. Ne culpabilisez pas ; exprimez ce que vous avez dans le cœur, car une bénédiction cachée est en réserve pour chacun. Les événements à venir vous apporteront du réconfort, ainsi qu'aux autres personnes concernées. Ce qui se prépare sera positif pour tout le monde, mais cela ne pourra se réaliser que grâce à votre courage et à votre amour.

# SÉRENDIPITÉ

Au cours des prochains jours, soyez attentif aux moindres synchronicités qui se révèlent par le biais d'événements inattendus. Un événement ou une inspiration susceptibles de changer votre vie auront lieu bientôt, peut-être au moment où vous vous y attendez le moins et dans les circonstances les plus improbables.

Grâce à cette manifestation, vous acquerrez une conscience plus profonde de la dimension spirituelle qui vous entoure. Cela accroîtra votre sensibilité, vous faisant réaliser que vous êtes spirituellement guidé vers des expériences nouvelles et enrichissantes. Un événement inattendu vous mène vers de nouvelles perspectives de création et des opportunités positives. De nouvelles amitiés se nouent et vous recevez de nombreuses bénédictions.

# SEXUALITÉ SACRÉE

L'énergie sexuelle est peut-être l'une des plus grandes sources de motivation que nous, les humains, possédons. Et pourtant, cette énergie est aussi l'une des énergies les plus mal comprises et mal utilisées. L'énergie sexuelle, lorsqu'elle est honorée et associée à l'amour, devient sacrée et revêt un pouvoir extraordinaire. Cette forme d'énergie sexuelle est la plus grande force de création sur notre planète. Nous sommes capables de réaliser de grandes choses dans la vie, quel que soit le domaine, lorsque nous apprenons à contrôler et à diriger notre énergie sexuelle vers une activité en particulier. Une sexualité sacrée est le résultat de la fusion spirituelle de deux âmes. Cette fusion peut être physique et spirituelle, ou seulement spirituelle, les deux sont également justes et puissantes. La sexualité sacrée est aussi une communion avec le divin. En se contemplant l'un dans les yeux de l'autre, on se retrouve face à face avec la Déesse de toute la Création, la Déesse de tout ce qui existe.

À travers une telle communion, vous ressentirez bientôt un sentiment d'amour et de félicité des plus profonds. Cette expérience aura un puissant effet sur votre vie. Honorez-la, car elle est véritablement sacrée. Remerciez l'Univers pour ce magnifique cadeau !

# SOPHIA

Une personne qui vous est chère a besoin de votre amour et de votre soutien en ce moment, peut-être même de votre pardon. Oubliez vos récents différends avec cette personne, transigez et réconciliez-vous. Au fond, vous savez tous les deux que vous vous aimez. La vie est trop courte pour que vous perdiez votre temps ; choisissez la voie de l'amour, car l'amour guérit tout. Honorez et respectez les différences l'un de l'autre, car l'unicité est sacrée. Tous deux êtes de belles âmes. Grâce à l'amour et au pardon, un monde de possibles et de joies infinies s'ouvre à vous.

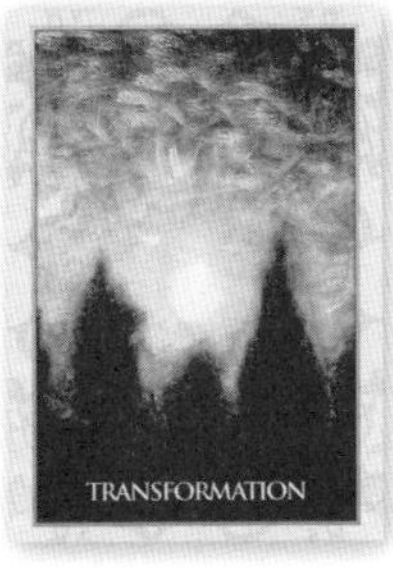


# TRANSFORMATION

Votre monde peut sembler avoir basculé, mais rassurez-vous, il n'y a pas lieu de s'inquiéter. Une transformation positive liée au travail, aux études ou aux finances est en train d'avoir lieu. Gardez la tête froide, laissez la tempête se dissiper et vous découvrirez alors que les choses ont été réorganisées pour le mieux. Ne craignez pas les changements qui ont lieu actuellement, le changement est une composante incontournable de la vie. À chaque fin succède un nouveau départ. Avec confiance et dévotion, soyez prêt à lâcher le passé. Si une chose est certaine, c'est que quoi qu'il advienne, votre vie continuera à se transformer comme par magie. Même si tout vous semble actuellement instable et incertain, faites preuve de souplesse et restez ouvert aux nouvelles idées. Un avenir radieux vous attend !

# LE VÉRITABLE VOUS

En tant qu'êtres humains, nous sommes si attachés à notre monde physique que nous perdons souvent de vue notre véritable nature. En vous attachant à votre identité, à votre statut et à vos succès dans le monde, vous avez perdu le contact avec le véritable vous. Quelque chose en vous aspire à vous reconnecter à vous-même. Soyez attentif à vos ressentis et commencez à vous réapproprier les nombreuses et belles qualités que vous possédez ; les qualités uniques que vous avez si longtemps réprimées et ignorées. Détendez-vous et amusez-vous ; le rire est le meilleur remède pour vous en ce moment. Lâchez tout ce que vous jugez être bien ou mal et tout ce que vous pensez devoir faire et soyez simplement vous. Au fur et à mesure que votre véritable nature réapparaîtra, vous vous sentirez inspiré et découvrirez une nouvelle façon de voir la vie. En retour, vous connaîtrez une meilleure fortune et ressentirez un plus grand sentiment d'accomplissement.

Prenez soin de vous nourrir physiquement, spirituellement et émotionnellement. Vous avez tant de raisons d'être reconnaissant et tant de choses à explorer dans la vie.

# VIERGE MARIE

Très cher, je vous demande de renoncer à la peur et à l'anxiété que vous ressentez vis-à-vis du bien-être d'un être cher. Ayez confiance. Tout se passera pour le plus grand bien de tous les intéressés. La situation actuelle fait simplement partie de l'expérience et de l'apprentissage de la vie de votre proche. Quelque chose de bon sortira finalement de cette situation. Souvenez-vous : au cœur de toute la Création, seul l'amour existe. Laissez l'amour divin danser dans votre cœur ; sentez comme il dirige la Terre et les étoiles alors que le miracle de la vie se déploie éternellement. Ayez foi en l'énergie universelle de la vie et sachez que vous et ceux qui vous sont chers êtes pour toujours protégés. Soyez serein, car j'inonde votre proche d'une lumière protectrice et guérisseuse.

# VIES ANTÉRIEURES

À travers vos rêves, un souci émotionnel qui vous tourmentait depuis un certain temps est maintenant résolu et éclairci. Essayez de vous souvenir de vos rêves et d'y prêter plus d'attention. Dans vos rêves, vous revisitez inconsciemment quelques-unes de vos vies antérieures. Elles vous apportent un nouvel éclairage sur des situations passées qui vous posent problème dans cette vie-ci. Pour faciliter ce processus, prévoyez quelques minutes de méditation et de prière chaque soir avant de vous endormir. Visualisez-vous baigné dans une lumière dorée et demandez à vos anges de vous guider et de vous guérir durant votre sommeil. Demandez à vous réveiller à chaque nouveau jour avec de la joie et de l'amour dans votre cœur et rendez grâce pour la douce guérison qui a lieu en vous.

*Comme dans un rêve, vous vous évanouirez*
*au-delà de l'horizon*
*À travers les anciennes brumes des temps,*
*Puis vous vous réveillerez dans le ventre*
*de votre mère*
*À un nouveau jour, empli de beauté.*
*Ne vous souvenant pas de votre vie passée si ce n'est*
*par un sursaut d'émotion qui subsiste*
*dans votre cœur.*

# À PROPOS DE L'ARTISTE ET AUTEUR

**Toni Carmine Salerno** est le créateur de nombreux livres, CD et oracles divinatoires. Il pratique la peinture intuitive sur les thèmes de l'esprit, du corps et de l'âme. Né à Melbourne, en Australie, de parents italiens, cet artiste et auteur autodidacte a une renommée internationale. Son œuvre et la maison d'édition qu'il a fondée, Blue Angel Publishing, ont un effet significatif et positif sur la vie de personnes du monde entier ; elles créent du lien entre les hommes et les cultures par la force unifiante de l'amour en aidant à briser les stéréotypes et les schémas de pensées obsolètes. Toni et toute l'équipe de Blue Angel Publishing espèrent vous inspirer grâce au pouvoir de l'amour inconditionnel.

Pour en savoir plus sur Toni Carmine Salerno, n'hésitez pas à visiter son site internet : www.tonicarminesalerno.com.

# AUTRES OUVRAGES DE TONI CARMINE SALERNO

**CARTES DE DIVINATION**

*L'Oracle de la Terre sacrée*, Véga, 2020
*Cœur et âme*, Véga, 2015, 2019
*L'Oracle de l'archange Michaël*, Contre-Dires, 2019
*L'Oracle de la paix*, Véga, 2019
*Lumière intérieure*, Véga, 2018
*Le Cœur sacré des arbres*, Véga, 2018
*L'Oracle des amoureux*, Véga, 2017
*Namaste*, Véga, 2017
*L'Oracle de la spiritualité*, Véga, 2017
*Amour universel*, Véga, 2016
*Sagesse universelle*, Véga, 2016
*Le Petit Oracle des anges gardiens*, Contre-Dires, 2015
*Le Petit Oracle des anges*, Contre-Dires, 2014
*L'Oracle du chemin pavé d'or*, Contre-Dires, 2013
*L'Oracle de Gaïa*, Véga, 2012
*L'Oracle des anges, déesses et dieux*, Contre-Dires, 2012
*L'Oracle des cristaux*, Contre-Dires, 2012
*Demandez à votre ange*, Contre-Dires, 2012

**LIVRE**

*La Sagesse de Gaïa*, Véga, 2017

ÉGALEMENT DISPONIBLE
AUX ÉDITIONS VÉGA :

## L'Oracle de la Terre sacrée

Quel que soit votre dilemme, vous pouvez être sûr que notre Terre Mère y a déjà été confront"ra-tionnaliser"ée au cours de sa longue histoire. Communiez avec sa sagesse intemporelle et ses merveilles afin de trouver des réponses pratiques et spirituelles à vos questions. La vision éclairante de Toni Carmine Salerno, la philosophie appliquée de Leela J. Williams et les illustrations archétypales d'Helena Nelson-Reed se marient parfaitement pour vous accompagner sur le magnifique chemin de la découverte de soi qui vous emmènera vers la plus belle destination d'entre toutes, notre Terre sacrée.

*Ce coffret comprend 45 cartes illustrées.*

## Également disponible aux Éditions Véga :

### Cœur et âme

**Cartes oracle de transformation intérieure**

Ce coffret aux cartes magnifiquement illustrées offre une véritable guidance pour ouvrir son cœur et son âme à la transformation de soi et, par extension, celle de la planète. En répondant à des questions sur l'amour, la vie... et en nous rappelant l'impermanence de notre existence physique et notre véritable nature immortelle, cet oracle nous invite à regarder à l'intérieur de notre propre cœur, là où se crée sa puissance infinie.

*Ce coffret comprend 54 cartes illustrées.*

# Notes

# Notes

# NOTES

# NOTES